아스피린

안명옥

내 상처가 하늘에 밀어올린 별
한움큼 덜어넣고 싶었던,

창비시선 90

칼

시작시인선 0106
칼

찍은날 | 2008년 11월 25일
펴낸날 | 2008년 11월 30일

지은이 | 안명옥
펴낸이 | 김태석
펴낸곳 | (주)천년의시작
등록번호 | 제300-2006-9호
등록일자 | 2006년 1월 10일

주소 | (우-121-883) 서울시 마포구 합정동 355-24 4층
전화 | 02-723-8668
팩스 | 02-723-8630
홈페이지 | www.poempoem.com
전자우편 | poemsijak@hanmail.net

ⓒ안명옥, 2008. printed in Seoul, Korea

ISBN 978-89-6021-073-8 03810

값 7,000원

- 이 책은 경기문화재단이 지정한 창작지원금을 수혜하였습니다.

- 잘못된 책은 바꾸어드립니다.
- 지은이와의 협의에 의해 인지는 생략합니다.

칼

안명옥 시집

2008

■ 시인의 말

이 땅에 여자로 태어난 내가 나의 시다

사는 동안 꽃 한 번 피운다는 건
스스로 강해지는 일이다

■ 차 례

칼 —— 11
칼집 —— 12
하여간, —— 13
무거운 도화지 —— 15
남몰래 오줌을 누는 밤 —— 17
왕고들빼기 —— 19
붉은 수수밭 —— 21
뻘밭 —— 23
운석 —— 24
바로크가구 —— 25
불면 —— 26
복사꽃은 슬프다 —— 28
대숲 —— 29
항아리 —— 30
원천리 —— 32
파밭 —— 33
묵정밭 —— 35
고등어 —— 37
아버지의 문신 —— 39
개골산 바위 —— 41
봄불 —— 42
검버섯 —— 43

강을 보고도 강을 모르는 사람들에게 —— 44

사막 —— 46

모래여자 —— 47

자궁 속의 사막 —— 48

모래산 —— 49

안압지 —— 51

폐경 무렵 —— 52

폐가 —— 53

냉장고 —— 54

후끈거리는 단풍나무 —— 56

나무 —— 57

눈 내리는 얼음식탁 —— 58

구름바지 —— 59

상처의 힘 —— 60

먹구름 —— 61

고양이 경전 —— 63

고독의 뼈 —— 65

푸른 늑대의 시간 —— 67

고요한 저녁 —— 68

아스피린 —— 69

거울 속의 거울 —— 72

장바구니를 던지다 —— 72

김치를 쏟다	74
3월의 전화	76
너무 넓은 창	79
귀-1	80
귀-2	81
나는 날마다 나를 반죽한다	82
윷에 대한 관찰	84
11월	86
달팽이	87
뿌리에 잠들다	88
초경	90

■ 해 설

상처와 관능, 혹은 운명의 형식 | 이숭원 ——— 91

칼

칼은 너무 많은 생각을 가질 때 위험하다
칼을 잡을 때 오른손은 방향을 잡고
왼손은 힘을 줘야 한다는데
생각이 많아서인지 방향을 잃어버린 칼에
마음만 베어나간다
칼을 내리칠 때마다
내가 칼이 되었다
자를수록 더 잘라지지 않는
칼질은 내 심장의 혈압처럼 방망이질하고
내 몸속 새겨진 칼자국이 혈관을 타고 다닌다
칼을 보면
이상한 식욕이 돋는다

칼집

아무리 어른된 아픔이 저주스러워도
네 빳빳한 자세 굽히지 말아라
아무 곳에나 널 구겨 넣지 말아라
널 부러뜨리려는 누군가를
함부로 베어내지도 말아라

눈물 주르르 나는 하루를
내 품 안에서 숨 고르게 하리라
칼이 지나간 자리
칼이 자라나는 네 감정을
부드러운 혀로 핥아주고

날선 네 언어들을 보듬어 주리라
이미 위험한 너를
온힘으로 떠받드는 여기가 네 아랫목이다

네가 걸어온 길을 나는 안다
나는 너를 칼로 보전해주는
유일한 집이려니

하여간,

몇 마디 나눠보고 표정 보면 대충 보이고
심지어 걸음걸이를 보아도 보여
점집이나 차려놓고 몇 마디 이야기 나누고
슬며시 운명이야기를 해주면 되지 않을까 허허, 하여간.
퇴직한 노시인의 인터뷰 글을 읽다가 나도 하여간, 허허,
문득 생전 처음 가본 정월 초하루 점집 일이 떠오르는데

하도 힘들어 하는걸 보고 선배가 나를 데려간 곳이 광화문 점집이었다
나의 생년월일 태어난 시를 적고
남편과 아이들을 적고나니 하여간,
보살은 부채를 펴고 흔들며 오래 주문처럼 중얼거리더니
길게 하품을 한 후 신수를 봐주는 것이였는데
물조심하란다, 또 뜨거운 물 조심하란다.
남편과 헤어지려는데 어찌해야 되느냐 물으니
헤어지려면 5년 전에 헤어졌어야지

이제껏 고생했는데 조금만 더 참으면 조금씩 풀릴 거란다
 하여간, 애들 때문에 살고 연민으로 살았다는 말은 너무 상투적이어서
 침묵만 하다가
 돌아와 딸에게 이런저런 이야기 전하는데
 법원에 있어야 할 서류를 남편이 슬쩍 넘겨주고 가는데.

 하여간, 그 점집 보살님 말씀을 부처님 말씀으로 믿고 보니
 하여간, 나를 향해 울리는 범종소리 같기만 하더니
 범종에 새겨진 연꽃문양이 아지랑이처럼 가물거리는데
 울려나오는 소리는 찌들고 숨 넘어가는 소리나
 시련 속 꽃이 피어나듯
 다시 살고 있게 하는 힘이 되는데, 하여간
 지금 생각하니 누구라도 그렇게 말해주지 않았을까,
 그날 3만원이 아깝지 않은 복채로 여겨지니

무거운 도화지

길가에 세워진 '무거운 도화지'란 조각
예술인은 없는 예술인마을에
붉은 벽돌 안 사람머리가 무겁게 박혀 있다

언니, 사는 게 너무 힘드네
그렇게 사는 게 다 네 업이야

내 삶의 도화지가 너무 무거워졌다
붉은 벽돌 안에 저 사람도
나처럼 두꺼운 업을 견디다 머리를 박은 것일까
도화지 속 사람의 얼굴 표정이 무겁다
무슨 욕망 저리도 많았기에
얇은 도화지가 아닌
두꺼운 도화지 속에 얼굴을 묻고
갇혀버린 것일까, 삶을 가둔 것일까

우우우 바람이
바바리코트 자락을 마구마구 흔들다가
마른 낙엽을 모서리로 몰아가고 있었다

머릿속에서 바람이 불고
뼈 속까지 비어서야 나는 새가 될 수 있던
멀리 허공을 날아가던 새 깃털이
무거운 도화지에 착륙한다

남몰래 오줌을 누는 밤

술을 마시고 늦은 밤
집으로 돌아간다 참지 못할 만큼 오줌이 마려워
걸음이 평소보다 급하다 오줌 마려운 것이,
나를 이렇게 집 쪽으로 다급하게 몰고 가는 힘이라니!
오줌이 마렵지 않았다면 밤 풍경을 어루만지며
낮엔 느낄 수 없는 밤의 물컹한 살을 한움큼
움켜쥐며 걸었을 것을 아니 내 눈길이
보이지 않는 어둠 저편, 그 너머까지
탐색했을지도 모를 것을
지나가는 사람들 없는 사이
무릎까지 바지를 끌어내리고 오줌을 눈다
오줌을 누는 것은 대지와의 정사 혹은
내 속의 어둠을 함께 쏟아내는 일,
다시 오줌이 마려워오는 순간이 오기까지
내 속이 잠시나마 환해지는 일
우두커니 서 있던
나무가 부르르 떤다
놀라워라,
일탈의 쾌감이 내(川)를 이뤄
이렇듯 밤의 대지를 뜨겁게 적실 수 있다니,

어둠 속에서 남몰래 오줌을 누는 밤
달이 된 엉덩이가 공중으로 둥둥 떠올랐다

왕고들빼기

길을 가다가 차가 멈춰선다
선글라스는 사탕수수밭으로 뛰어들고
흰 모자는 목화밭으로 숨어든다
나는 풀숲이 좋아
왕고들빼기 줄기에 진딧물이 앉았다
노랗게 말라가며 시름시름 앓고 있었다
잎의 즙을 빨아먹고 사는 진딧물
왕고들빼기 피를 빨아먹고 사는 진딧물
소신공양하는 왕고들빼기를 한참 들여다보다가
내 얼굴이 보였다
온몸이 진드기로 뒤덮인 벌 한 마리
애타게 다리를 비비고 있다
내 영혼의 신기루 같은 것
가뭇없어 보이는 내일처럼
내 눈 속 꽃에 앉았다 사라지고 사라지다 앉고
빵빵, 빵빵
사내들은 길을 등지고 오줌을 누는데
여자들은 길을 바라보며 오줌을 눈다
다급한 그 순간에도
수치를 정면으로 바라보아야 하는

형벌!
바지를 올리고 뛰어가다가
내가 오줌을 누었는지 안 누었는지
궁금해졌다
개운치 않은 기분으로
순례버스에 오르는데
벌에 쏘인 듯
엉덩이가 자꾸 불편해지고

붉은 수수밭

　아침마다 팬티 하나를 더 가지고 다닌 적 있었다

　등 떠밀어대는 바람의 손에
　밀물로 들어선 지하철 안
　비릿한 바다 냄새가 출렁거리고
　팔 하나와 가방은 어느 아주머니 가슴 위에 수평선으로 걸려 있고
　사람과 사람이 침몰 직전의 배들처럼 흔들리는 시간
　청바지를 입은 은밀한 부위에
　어느 날은 두툼한 물고기가 다가와 살래살래 문지르다 가고
　어떤 날은 배 한 척이 노를 저어와 비벼댔다
　뒤를 돌아보면
　점잖은 물고기의 표정들
　몸 비틀어 저항하는 눈으로 쏘아봐도 달라지지 않았다
　늦더라도 버스를 탈 걸,
　여러 번 갈아타더라도 버스를 탈 걸,
　치욕의 침이 입안에 홍건하게 고였다
　먹은 것 없는 아침이
　자꾸 헛구역질을 할 때

몸은 붉은 수수밭을 지나온 듯
젖어버렸다
개봉에서 종로3가까지 내내
어이없는,
망각된 몸의 멍한 반응

그런 날은
회사 출근 도장 찍기 전에 화장실에서 젖은 팬티를
갈아입는 것으로 하루가 시작되었다

뻘밭

뻘밭을 서성이는 그녀 곁으로
바람이 천천히 다가왔다
잔파도에 휩쓸리며
긴 밤을 숨가쁘게 보냈다

뒷날 아침, 야윈 수평선을 밀어 올리는
바람의 등을 그녀는 측은한 눈빛으로
바라보고만 있었다

바람이 다녀간 자리
뻘밭이 함몰되어 있었다
한 마리 게의 집게발에 붙들린
수평선이 파닥파닥 떨면서

그녀의 발목을 끌어내리는
뻘의 무거움,
가슴속에선 바람의 발자국이 만든
짜디짠 물의 껍질을 벗고
게 한 마리 슬금슬금 기어나온다

운석

제 몸에 물을 담은 구름이 둥둥 떠 있다
주름이 무거운 구름이 측은해 보이는지 하늘이
번개의 불기둥을 일으켜 세워
구름을 무섭게 비워낸다
구름 아래로 쏟아진 빗줄기들이
대지에 닿아 조그만 구멍을 만들어
씨앗을 키우고 있다
놀라운 구멍의 번식력!

신생의 별들로 자꾸만 밀려나고
그만 출산의 고통을 비워내기 위하여
우주가 운석을 끄집어내 흘러보낸다
운석이 지나간 자리
곧 폐경은 일제히 오고
또 다른 큰 구멍을 만들어내는 운석들
그 안에서 어린 손주들 돌봐주고 있다

마른 하늘에서
번개가 치거나 운석이 떨어지는 밤엔
우주가 자궁 속의 사막을 알리며
괄약근을 푸는 때

바로크가구

나무껍질을 벗긴다
대패질을 하면서 나무의 결을 만들어가며
조금씩 드러나는 나무 색깔,
애무하듯 구석구석 정성을 들이며
결을 따라 부드럽게 사포질한다

이 작업은 호흡이 중요하다
처음부터 힘을 준다고,
서두른다고,
나무가 금방 윤이 나는 것이 아니다

끌로 구멍을 파고 적당히 못도 박는다
나무 생김에 따라
박는 강도나 위치를 조절한다
못을 오래 박으면
상처가 되기도 한다

나무가 제 몸의 한 지점을 열어
못을 절절히 원하는 순간이 있다
세상의 집들은 그렇게 완성된다

불면

자정무렵, 몸이 근질근질해진다
허락도 없이
나와 동침을 하려는 그림자가
가슴을 지나 배꼽을 더듬는다
잠들었던 세포들이
일제히 일어나
그의 움직임을 읽고 있다
조금만 더 깊이 들어오면 어둠이 보여

어둠 속에서 보는 어둠은
불빛보다 더 뚜렷하다

누군가를 알아간다는 것은
어둠의 배후를 알기 위한 것일까

나를 노리는 저 섬뜩한 눈빛들
언제나 어둠 속에서
내 뒤통수를 치는 쓰디쓴 탕자들

지금 어디에서 내 몸이 누수되고

나는 자꾸 어둠에 걸려 넘어진다

뚜벅뚜벅
누군가 내 안에 흘려놓고
바람 부는 창문 밖으로 걸어 나가는
발자국 소리

복사꽃은 슬프다

친구는 복숭아나무마다 인공 수정액을 뿌려대고 있다
친구 손이 벌나비가 되어
그 넓은 밭을 뛰어다니며 꽃가루받이를 하고 있다
그 많던 벌나비는 어디로 사라진 것일까
과수원 밭을 가로지르는 고압선 전자파가 날려버렸나
흥건한 꽃향기에 배기가스가 버무려졌나
하늘은 아는지 모르는지 무심하게 청명한 날
물오른 도화는 활짝활짝 피어나는데
어쩌나, 이 수많은 꽃들

내 몸에 꽃이 피어나면
나도 이 두 손으로 해결해
얼마 전 남편을 잃은 친구는
복사꽃처럼 웃는데
친구의 두 손은
몸을 빠져나와
복숭아 나뭇가지가 된다
봄 햇볕이 망울망울 매달린다

대숲

한 친구가 늦은 겨울 밤 찾아와
비닐하우스에서 그걸 했다고
찬 땅바닥이라 등이 섬뜩했다고

친구가 돌아간 후 자꾸 이야기가 떠올라
자리에 누워 붉은 꽃물 든 이불 덮고 있는데
창호지 너머
대숲 사이에 달이 걸쳐 있고
바람이 불었다
달 속을 대나무가 뚫고 있었다
깊이깊이 교접하는
상처의 질

바람이 흔들릴 때마다
달은
교성을 내지르지도 못하고
제 따스한 구멍 속에서
알 수 없는 길을 풀어내고 있었다
길에
돌멩이가 수북했다

항아리

비가 내린다
    도리스 레싱
          실비아 플라스
프리다 칼로
    니키 드 생 팔
          나혜석
댈러웨이 부인
    오프라 윈프리
비가 내린다
그러려니, 그러려니, 그러려니……
막힘없이 흐르고 싶은 대로 흘러가는
빗물을 바라본다

충분한 상처가 부표처럼 떠 있는 지중해

내 몸속 지중해에 빗물이 고인다
그 빗물 속에서
내 정신을 서서히 마비시키듯
도둑고양이 한 마리 썩어가고 있다
도둑고양이 푹 썩어 악취가 사라질 때까지

그것을 오래 숙성시킨다

곰삭은 도둑고양이는
모기와 파리가 슬어놓은 알들이
자라나는 자궁이 된다
어린 해충들이
발 딛고 일어설 대지가 된다

나른한 어둠을 감내해야 하는 달
마음이 푹푹 썩어 독만 노랗게 자란다
암캐미가 교미 후 날개를 잃어버리듯
끊임없이 가정을 전적으로 떠맡기더라도

내 몸에 비친 하늘이 내 것이 아니듯
내 몸의 바다는
이제 더 이상 내 것이 아니다

원천리*

앞마당 주춧돌이 그의 살결처럼 까칠했다
아내마저 집을 나가고
덜컥, 아이들 떠안고 살던 그는
트랙터가 덮치며 지나간 후
가랑잎에 시린 발목 덮었다

산그늘이 쏟아져 내렸다
앞마당 감나무는 바람이 불지 않는데도
온종일 흔들거렸다

미처 따먹지도 못한 감들이 열렸는데
죽음이 편안한 듯
죽음은 남겨진 자들의 몫이라는 듯
햇감자같이 웃고만 있다

담쟁이 넝쿨은
이승 밖
저문 쪽을 향해 뻗어나가 있었다

*원천리:경기도 화성군 남양면에 있는 마을

파밭

늦가을 파밭
말라버린 젖꼭지
아직도 땅에 젖을 물리고 있는 파,
곧 무서리가 내릴 텐데,
파는 얇아진 피부 위에
바람을 껴입고 살아온 것일까
까칠해진 존재의 부피만큼
잔뿌리를 내리며
시들어가던 시간 속에서, 파는
짙은 체취를 품고 있다
파는 이제 고요하다
푸른 핏줄 끊임없이 흔들어대던
둥근 몸의 파동도
뿌리 근처에서 멎었다
가만히 파밭의 흙을 거두어내고
젖은 잔뿌리를 들추어보니 파는
제 몸이 흔들릴 때마다
향기를 쟁인다
가슴 속의 아픈 생각들을 밤새
하얀 실핏줄로 풀어내고

제 몸의 허공을 채우기 위해
스스로 매운 향기로 맺힌다

묵정밭

바람에 날아온 민들레 씨앗 하나
모래자갈 틈에서
바르르 떨고 있었다
물기 없는 주름 이랑에
내려앉은 흙먼지 떼
시큰거려오는 눈시울을 들키지 않으려고
나는 먼 하늘을 올려다보곤 했다
뽑아내도 이내 무성하게 헝클어지던
잡풀들을 뽑아내며
살다보면 때론 이렇게 뽑아내야 할 것들이 있단다
흰 살결로 내려앉는 햇빛들이
이맛살을 구기곤 했다
나비 한 마리 날아들지 않는 밭
검은 폐비닐 몸뻬 입은 밭
깔깔한 세월의 모래를 털어내고 있었다
기름진 땅을 찾아 날아가려고
제 몸에 입김을 후후 내뿜고 있는
민들레 씨앗 손바닥에 올려놓고
내 속의 바람을 한껏 끌어올렸다
나도 언젠가 홀로 떠나야 한다는 생각

평소 환하던 내 속에도
그날은 어스름이 무섭게 깔리고 있었다

고등어

모처럼 객지에서 온 딸을 위해
어머니는 고등어를 구웠다
어릴 적 아버지 상에만 오르던 고등어를
먹으며, 문득 고등어는 왜 등이 푸른가
어머니 등에도 푸른 멍이 있을 거라고

몸속에 들어오는 소금물을 걸러내며
짠물에 물들지 않는 고등어같이
너도 그렇게 살아야 혀
푸른 멍을 가진 고등어로 살아
그 어떤 상처가 건드려도 멍들지 않았으면

푸르다는 건
비늘 벗겨진 지느러미의 파란 감정들일지도
거친 현실의 바다를 끌어안으며
또 하나의 삶을 만들어 낸 푸른 멍들일지

제 온몸을 밀고 가느라
바다에서 맺힌 고등어의 푸른 멍이
사르르 녹아 사라지며

멍의 물이 뚝뚝 떨어지는
나의 내부, 그곳에도 멍이 서식하고 있는가

비늘이 다 떨어지고
비린내가 가셔지는
내 등에도 멍자국이 점점 늘어가고
그날 그저녁 밥상이 그리워
푸른 고등어를 구웠다
아직 비린내 물씬 풍기는 딸아이
대뜸 비린내가 싫다고 투덜거린다
딸아이의 몸은
멍들기엔 아직 환하므로

나는 아무 말 없이
고등어의 푸른 멍을
삼켰다
마음에 아직, 나를 업고 있는
등 굽은 어머니를 삼켰다

아버지의 문신

청령포에 가서 보았다
아버지, 검버섯 핀 얼굴
온몸 가득한 저 울긋불긋한 문신들
도시에서 지쳐 돌아온 어린 것들을
물소리로 아득히 씻어내며
강으로 흘려보내는
깊고 아린 아라리 한 소절
자꾸 주름지는 물의 표면을
뜨거움으로 펴고 있는 햇살같이
아버지 주름진 얼굴을 펴드리고 싶었다
탁주잔에 홀로 술 따르며
자식 걱정에 더듬거리던 아버지의 말들은
세월에 넘어져 골골거렸다
단풍든 것들 다 시집보내고
황혼의 아버지 꿈꾸고 있었다
육신 내려놓고 돌아갈
노을의 살이 쭈글쭈글 마르는 강
그 소란 없고 아늑한 그늘 속으로
가볍게 떠나고 싶어 물을 휘젓는
아버지 손등에 물의 어둠 찌꺼기가 달라붙었다

아버지 쉰 한숨이 물살을 거슬러
오르다가 힘없이 떠밀리곤 했다

개골산 바위

겨울의 허리를 움켜쥐고
벼랑 끝에 매달린
위태로운 몸

절벽의 나이를 읽듯
금간 제 몸 속
오래 묵은 방 비워내고서

언젠가 떨어져 내릴 것도 모르고
그 안에 싱싱하고 푸른
소나무 한그루 키우고 있다

단단한 세상을 뚫고 마련한
생명의 방

봄불

햇살 눈부신 곳
가는 곳마다 초록의 불길 타오른다
내 속의 건초 더미도 타올라
연기 내뿜고 있다

한나절 지핀 아지랑이 떼
가물가물 식고 있다
그 너머
앓는

온천지
봄의 신음소리 어지럽고

화상 입은 세계
상처 깊다

검버섯

공원 의자에 앉아 신문을 읽는데
까만 파리 한 마리
부패한 글자를 발로 파먹고 있다
손을 뻗어 쫓으니
이내 신문 속 낯익은 얼굴에 앉는다
그의 얼굴엔 군데군데 검버섯이 피어 있다
파리는 가장 농도가 짙은 검버섯을
앞발로 파내며 자리를 옮기지 않는다
그 검버섯 안에
파리의 후각을 향기롭게 하는
부패가 조금씩 진행 중인 걸까
온갖 오염 눈부신 하늘에서 마른번개가 쳤다
그걸 눈치챘는지 그가
인상을 찌푸리며 바람을 불러 모아
신문지를 펄럭이며 연거푸 쫓아낸다
허기진 파리는 잠시 훌쩍 날았다가 다시금
그 검버섯에 내려앉는다
집요하다

강을 보고도 강을 모르는 사람들에게

우리는 강을 보고도
강을 보지 못했다
강에게 물어보라
강을 보고도 강을 모르는 사람에게 묻지 말고
강을 한 번도 보지 않고도 江인
강에게 물어보라
강은 흐르는 강일 때 강이다
강을 호수로 만드는 폭력에 대하여
살아 있는 강에게 물어보라
건널 수 없는 강도 있다는 것을
우리가 江의 열망을 오독하는 것에 대해
물어보라, 낮은 곳으로 묵묵히 흘러가는
열망을 가진 강이여,
강이 낮은 곳으로 흘러갈 때도
우리는 높은 곳으로 올라가고 있었다
강의 맥박을 짚고 선
강둑의 은사시나무에게 물어보라
물고기가 물을 떠나 살 수 있는지
강변의 물떼새에게 물어보라
길가메시가 고대 메소포타미아의

개잎갈나무 숲을 베어 쓰러뜨린 후
쓰러지기를 거듭해왔다는 것을
강둑의 꽃들에게, 물푸레나무에게
물어보고 또 물어보라
우리는 강을 보고도 끝내
강을 보지 못할 것인가를

사막

고비사막을 가다가 오줌을 눈다

오줌 한 방울의 힘
이슬방울 꽃봉오리로 앉았다
파르르 떨며 반응하는 꽃

적당한 무게는 생명을 연장시키지
반짝 더 생기 솟구쳐 빛나는
붉은 꽃

여자로 키워진 꽃

온 우주가 밝아보였다

설움 털고 가자고
바다에서 막 건져낸 파래 냄새

언 발에 오줌을 누듯
오줌 좀 눴다고
사막이 젖겠는가

모래여자

오래 낙타를 타고 온 여자 누워 있다
땡볕이 살을 태우고 있다
아랫배가 불룩한 여자
나는 무릎을 꿇고 가만히 배에 귀를 대본다
파도소리 들린다 신생의 바다가
자궁에서 꿈틀거린다
손가락으로 살짝 살을 눌러 본다
모래가 허물어지지 않는다
깜짝 놀란 내가 손가락을 떼는 사이
햇빛이나 바람에 의해 더 살이 찐 여자
벌떡 일어나 흔들흔들
바다 속으로 걸어들어 간다
물에 닿자 여자 몸에서
빠르게 녹아내리는 모래들
무의식에 잠겨 잠잠하던 바다가
알몸을 감추며 격랑 높은 파도를 일으켜 세운다
바다가 내지르는 아기 울음소리
모래여자 사라진 지점에서
붉은 피 사방으로 번지고
저 멀리 수평선이 되어 걸린 탯줄

자궁 속의 사막

한때 초목으로 무성했던 자궁 속
사나운 번개를 맞더니
초목들 일시에 쓰러져
바람의 울음소리 우우 떠도는
사막이 되어 버렸다 황사를 일으키는
바람이 짐승처럼 거칠게
나를 집어 삼키려할 때마다
눈을 뜨지 못하고 휘청거렸다
발바닥이 익고 발등이 부을 때까지
모래 꽃을 밟으며
나의 황폐함은 또다른 풍경을 만드는 거라고
때론 낙타 풀을 씹으며
끝없이 걷는 여정
나는 걸어온 길을 뒤돌아보았다
한때 자궁 속에서 무성했던 초목들이
신기루가 되어 일렁거렸다
잡으려고 뛰어 가면
걸어온 길은 다 지워져 보이지 않았고
내 몸에선 붉은 노을이 점점이 얼룩졌다

모래산

사막에 드러누워 뭐 하나
앞날이 뻔한데
풀 한 포기 나지 않는 곳에서
제 가슴을 짓누르고 있는
저기 저 여자
소금덩어리 어쩌지도 못하고
숨통을 조이는 뙤약볕을 견디며
눈물이 말라 이슬처럼 반짝거리고
등줄기엔 칼날이 자라네

선인장 이정표가 저쪽을 가리키고 있어도
움직일 생각도 안 하는 여자
새들은 닭처럼 땅 밑으로 나는 법을 터득하고
도마뱀은 몸 색깔을 바꾸며 살고 있는데

일광욕을 너무 오래 즐기고 있나
세파에 부서질수록 각을 버리고 곡선만 남는
멀리서 바라보면 칼날도 물결로 보이는
제 뼈를 삭히고 삭혀서
그 뼛가루에 파묻혀 침묵하는

선인장 한그루 심고
꽃 한 번 피워보려고 애쓰는
저기 저 여자

안압지

나는 날마다 출렁거려. 그것을 남들은 물의 반란이라 하더군. 물은 흔들릴수록 힘차게 일어나지. 내 파동의 내용은 그런 거였어. 내게 쓰여지는 역사는 이제 밤중에 송사리 떼 날랜 몸짓으로 날아다니는 것. 별빛이 터진 살을 한 뜸 한 뜸 기워가는 것. 한동안 내 바닥을 보여주지 않았어. 내 안에 무거운 돌 하나 품으며 살고 있어. 방주처럼 떠다니는 저 부레옥잠 좀 봐. 그 속에서 또 다른 길을 움트게 하는 햇살은 아직도 물수제비를 뜨고 있어. 심연에 갇힌 꿈들이 날아오르려고 해. 내 안을 점령해 오는 잉어의 몸이 커갈수록 깊어지는 시간들. 흘려보내도 다시 밀려오는 기억이 가끔씩 내 몸을 뒤척이게 해. 내 몸을 밑에서 잡아당기는 것이 뿌리라고 하더군. 뿌리의 정체는 도대체 알 수가 없어. 난 바람에 잔잔히 파문 일어나는 이 한낮엔 하늘과 대면하지. 예언을 기다리는 하늘은 더욱 푸르고 빠르게 저만큼 흘러가고 있어. 언젠가는 하늘에서 누수가 시작될 거야. 그때를 틈타 滿水 위로 차오르는 거야.

그때 내 몸에서도 넘쳐날 낯익은 목소리, 아이들 뛰노는 소리, 말이 히힝거리는 소리. 나는 넘쳐나고 넘쳐나 다시 골짜기 하나 이루려 끝없이 흘러가고. 나를 들여다보는 눈동자를 가볍게 무등 태워 흘러 흘러갈 테고…

폐경 무렵

몸 여기저기 구멍이 뚫려 있다
바람이 그 구멍들에 숨어 들어
알을 낳느라 소란스러웠다
부화된 새끼들이 구멍을 넓히느라
쌩쌩, 콧김을 내뿜으며 일어선다

바람든 만큼만 썰어 내버릴까
한 번 바람든 것은 걷잡을 수 없다
싱싱하고 단단하던 마음이
이렇게 쉽게 숭숭 바람들 줄 몰랐다
구멍들 속에서 바람들이 회오리칠 때마다
내 몸은 말할 수 없이 기우뚱거렸다

무섭게 영토를 넓히던 구멍들이
어느 순간 폭발하듯 뻥 뚫리더니
가슴 속은 이내 무덤같이 큰
하나의 구멍이 돼 버렸다
그 속에 웅크려 나는
숙주 같은 파란 싹 하나 키웠다

폐가

 내 몸은 때때로 불덩이다
 내 몸의 지아비인 그는 내 안의 집으로 들어온다 그는 외로움이다 춤이다 바람이다

 그는 곧잘 세상의 표면에서 미끄러진다 유예된다 그는 어둠이다 좀처럼 다시 빛 속으로
 외출하지 않는다 햇살은 늘 그를 비껴가고 그는 점점 검은 빈혈을 앓는다 온 몸을
 던져 밤을 읽고 이윽고 밤의 중심이 된다

 나는 그를 완전히 해독할 수 없다 나는 돌연 내 속의 뜨거운 말을 품고 그에게 다가가
 안드로메다의 표정으로 머뭇거리기도 하고 서성대기도 한다 그러다 한순간 그는 햇빛 모양의 환한 기둥 하나를 내 안에서 뽑아낸다 아 아, 이 통증

 격렬한 통증 뒤의 나는, 그가 세상에 버린 블랙홀이다

냉장고

그녀는 문을 꼭꼭 닫아걸고 있다
아래위로 문이 있는 여자
문을 열면
불이 켜지는 여자
문 밖이 뜨거울수록
더욱 단단하게 문을 닫고 사는 여자
몸속에 있는 것들이
혹여 녹거나 상할까 두려워
문을 꼭꼭 걸어 잠근 채
어둠을 키우고 사는 여자
많은 유효기간들을 담아 두고서
유효기간을 과신하는 여자
건드리지도 않았는데
윙하는 소리를 내며 경계하는 여자
24시간 풀가동되면서
차가워져 냉장고가 된 여자
식구들의 먹을 것을 대주느라
독한 여름을 견디는 여자
그녀가 잠그고 있는 것들은
언젠가는 모두 썩어 없어질 것들

코드를 뽑아버리면
없는 여자

후끈거리는 단풍나무

제 몸의 열기로 무섭게 달아오른 단풍나무
살짝 건드리기만 해도
실핏줄이 툭툭 불거져 나올 것처럼
탱탱한 이파리들을 흔들어대고 있었다
몸속 붉은 물이 뜨겁게 출렁출렁 넘칠 때마다
단풍나무는 혼자 흐느꼈다
제 몸을 제가 더 어쩌지 못하여
흐느끼기만 했다
폭발할 것 같은 흥분을 참아보려고
울음으로 식히고 있었다 해도
한 번 뜨거워진 이파리들은 붉음이
흥건했다 단풍나무도
차마, 차마 붉음을 감당하지 못했다
산이 쯧쯧 혀를 차며
후끈거리는 단풍나무를 식혀 주려고
몰래 품고 있던
덜 여문 시퍼런 바람을 조급하게 풀어놓았지만

나무

구멍은 모든 것을 일으켜 세운다

나무에게 땅 속은 구멍이다
구멍은
나무가 꼿꼿하게 서서
이파리들을 펼칠 수 있도록
뿌리를 힘껏 움켜쥐고 있다

나무뿌리의 어둠에서
막 뽑아 올린 연두빛 등
땅은
빛에게 밀려난 어둠을 나무의 몸을 통해
제 구멍 속으로 빨아들인다

눈 내리는 얼음식탁

사내와 여자가 식탁을 사이에 두고
마주앉아 있다

눈은 하염없이 내려
식탁을 지우고 있다

구름바지

오래 전에 입었던 바지를 꺼내 입는다

뭉게뭉게 피어오르는 살

바지 속의 구름은
그저 아무거나 먹고
더 먹으려고
내밀었던 손의 흔적이다
줄기차게 씹어대던 껌
이것저것 생각 없이 쏟아낸 말의 표정이다

윤기를 잃어버린 생각들이
먹지 않으려고 내젓다가
치렁치렁 들러 붙어버린
사족(蛇足) 같은 글자들이다

오래 전 입었던 바지를 끝내 입지 못하고
나는 말랑말랑한 구름을 툭툭 두드려 본다

상처의 힘

보잘것없는 들꽃일수록
빨리 꽃을 피운다

언제 짓밟힐지 몰라 잔뜩 긴장한 것들의
몸은 소름이 돋아 시퍼렇다

감나무 가지에 어머니는 억지로 돌을 끼운다
멀쩡하던 가지에 구멍이 난다

수많은 상처를 향해
있는 힘껏 열매를 밀어올린다

먹구름

혼자, 길을 간다

지도 한 장 펼쳐보아도
제대로 읽어낼 수 없다
어렴풋이 빛이 보이는 쪽으로 걷는다
이정표의 글자들이 흔들린다
꾸물럭거린다

돌아보면
지나온 길들이 남기고 간 상처들
길 위의 소음으로 둥둥 떠다닌다

풍선처럼 부풀어 올라
점점 무거워지는 몸속에서
한순간
왈칵 터져버릴 것 같은 까칠까칠한 말들

지나가던 새가 부리로 쿡, 찌르고 날아간다
찌르륵 찌르륵……
검은 울음을 한바탕 쏟아낼 것만 같다

그렁그렁해지는 눈동자
무슨 일이 터질 것만 같다

고양이 경전

곤하게 내가 잠든 사이
또 다른 내가 일어난다

먼지 뒤집어 쓴 어둠을 한 장씩 넘긴다
채워지지 않는 허기로 발톱이 곤두선다
나는 어둠을 건드리고
어둠을 찢어먹는다

앙상한 밤 뼈에 뽀얀 살이 오르고
밤의 꽃들이 피어나는 거리
음화와 담배를 나누는 청소년들
길 위에선 집시들이 노래한다
이번 계절엔 안개가 많을 거라고
시들지 않는 밤의 꽃들이 몸 뒤채는 틈에
밤의 순례자인 나의 몸은
검은 윤기가 흐르고
눈빛은 살아나 반짝거린다

새벽이 오면
나는 내 껍질 안으로 들어가

밀려 있는 밤을 다시 덮는다
어둠 속에서 가르릉 울려 퍼지는 울음소리

고독의 뼈

글자들이 쏟아진다
나는 유리창을 열어 손바닥에 글자를 받아
일기를 쓴다

한때
빗소리로 허기를 채우며
청춘의 꿈을 감춘 일기장 페이지마다 넘쳐나던
글자들의 흥건함을 잊을 수 없다
그때의 핏비가 아직도 내리고 내려서
내 목소리에 숨어든 풀벌레를 울게 하고
마음의 대지 위에 풀을 자라게 한다

지금도 여전히 내 갈라터진 삶의 바닥엔
글자들이 쏟아지고
쓰고 또 써서 펜혹이 솟아나고도
손가락이 글자를 모르듯이
나는 그 글자들을 해독하지 못하여
다만 손바닥으로 받아
무성하게 자라는 풀빛 일기를 기록할 뿐

언젠가 핏비의 글자들이 나를 다 해독하여
고독한 뼈에 대해 기록할 날이 올 것인가

푸른 늑대의 시간

이것으로 끝장이다
막다른 계곡의 골목에는
숨어서 빈틈을 노리는 눈빛이 있다

내 몸의 어떤 냄새가 코를 자극한 걸까
늑대가 나를 향해 오고 있다
한 번은 깊숙이 물고 싶은 거다
날이 선 이빨이 드러날 때마다
어둠이 흉터처럼 오그라드는

삐걱거리는 하루를 걸어
막다른 사막에 닿는 날이면
누가 내 속에 들어와 살고 있다는 생각이 들고
늑대가 나를 사육하는 건지
내가 늑대를 사육하는 건지
내 속에서 울부짖는 푸른 늑대 한 마리
언제라도 뛰쳐나가 누군가의 뒷덜미를 물어뜯을

고요한 저녁

길모퉁이엔 허기진 저녁이 우두커니 앉아 있었다
제 살점을 뜯어먹으며 연명하는 달
달빛 먹은 가로등들이 함께 흐느낄 때
일찍 잠자리에 든 벌레들이 뒤척거렸다
상처딱지처럼 다닥다닥 붙은 집으로 향하지 못하고
주눅 든 사내들은
벌레들의 구멍 속으로 들어가
웅크려 잠들었다

아스피린

내 상처가 하늘로 수없이 밀어올린
별

한움큼,
털어 넣고 싶었던

거울 속의 거울

깨지지 않는 것은 거울이 아니야

영원히 깨지지 않는 거울이 있으면 말해 봐
네 거울에 물을 뿌려 봐
몇 줄기 강물이 이끄는 대로
적셔지는 거울의 뿌리까지 내려가 봐

거울 속의 저건 허기진 하이에나야
저 날카로운 눈이 쏘아보는 세상

자꾸만 털어내도 달라붙는 먼지들
누군가의 삶의 흔적들이
여기저기 손자국으로 남아 있어

너를 가두고 있는 거울은 여전히 미끄럽고

보이니?
거울 뒤에 숨어 있는 네 낯선 눈빛
더 방치해 둘 수 없는
거울 뒤의 저 버거운 진공

끝도 시작도 없이 밀려드는 저

장바구니를 던지다

— 신학이 죽음의 불안으로부터 피난처인 것처럼 정신병은 고통으로부터 피난처이다. 광기는 괴로움의 기억을 피하는 수단으로 일어난다. — 쇼펜하우어의 말 중에서

내 손엔 보들레르의 악의 꽃을 담은 장바구니가 들려 있다
장바구니 속엔 생활의 일부 악악 소리를 치고 있다
나는 골목 모퉁이에 피어 있는 작은 풀꽃 앞에 앉아
두 개의 꽃잎을 손바닥에 올려놓고
힘껏 뭉개버린다
내 손에 이중의 운명이 새겨져 있다는 듯—
문득 나의 손이 만들어온 배신
로댕의 애인이 평생을 머문 정신병원과
그곳을 통과한 빛의 잊혀진 시간 근처,
뒤늦게 그 자리를 지나와서야 피는 꽃들의
향기를 버리고 싶은 광기가
내 속에서 후끈 솟구쳐 오른다
처음 만나는 세상을 만들고 있는
나를,
무엇을 하고 있지 않으면 불안해 보이는 손가락들
열 개의 손가락이 커지는 꿈에 시달리는
나를,
내가 깨끗이 배신하고 싶어
장바구니를 집어던졌다

그러나 나를 가장 잘 아는 존재는 장바구니
뿌리 뽑힌 풀꽃이
침이 묻은 표정으로 나를 향해 지껄였다

김치를 쏟다

냉장고에서 꺼낸 김치 한 통을
순식간에 쏟았다

몸이 쏟아져 나왔다
응고되지 않은 몸속의 피가
범벅이 돼 있는 김치
발효된 아우성소리

땅 속의 따스했던 뿌리를 기억하며
숨쉬던 날을 더듬어가듯
게워낸 붉은 물이 길을 터가며
냉장고 밑으로 흘러들고 있었다

제 몸에 사무치게 부풀리던 숨소리를
깊고 뜨겁게 남겨 놓으려고 한듯
김치통 내부가 온통 붉은 물이 들어 있었다

수세미로 박박 문질러 닦아도 쉬이 지워지지 않는
저 아린 얼룩무늬들
굳이 한 색을 물들이려 애쓰는 본성

사는 것이 피를 보는 일이란 것을 아는 목숨들이
아파트 고층에서 매운 피를 흩뿌렸다고
때마침 켜둔 텔레비전이 한 소식을 쏟아내고

김치 국물을 연거푸 닦는데
남은 자국들이
누군가 울다간 자리처럼 보인다

3월의 전화

햇살이 처연하게 곱다고
오랜만에 낮잠 든 나를 깨우는
전화 목소리

내 몸은 아직 겨울에 머물러 있다고
무거운 응답을 보냈다

서너 발자국만 다가가면 햇빛의 파도가 출렁이는데
그 한 발자국을 내딛는데 왜 그리 오래 걸리느냐고
봄빛으로 일어나 용기를 내라고
나를 다그치는 목소리

가만히 다가가 창을 열었다
창에 달라붙어 보채던 어린 햇살들의 입에서
풍겨 나오는 젖비린내,
왈칵 현기증이 일어났다
내 속의 볕들지 않는 응달에 이르러
젖은 것들 뒤져 말리는 햇살들,
불이 들어온 듯
내 몸 점점 뜨거워졌다

거리를 쓸어내고 있는
비질에
그늘과 햇빛이 함부로 뒤섞인다

너무 넓은 창

식구들이 없는 한낮
오늘은 먹구름에 가려 햇빛도 실직이다

그가 화초를 들이고 살았던 5년이
불안의 잡초들 사이에 묻혀
바람의 잔소리만 무성하다

누구의 잘못도 아닌데
자고나면 수북이 떨어지는 나뭇잎들
자꾸 커가는 아이들의 눈빛이
블라인드에 희미하게 걸려 흔들거리고

백만 명 외국인 노동자시대 소식에
대책 없이 시들어가는 푸른 잎사귀를 마주할 때
날이 시퍼런 몸의 세포들
늪처럼 떠도는 쓴 담배연기

뿌연 먼지 뒤집어쓴 담벼락 아래
계절도 지천명을 스스로 헤아리려는 듯
바람이 스산스럽게 들이 닥치는 오후

창 속, 낯선 계절의 이마가 너무 넓다

귀-1

 임금님 귀는 당나귀 귀—대숲을 다 불태웠으나 그 소리는 빈 대숲에서 죽순처럼 자라 올라 온 나라를 뒤덮었다 임금은 귀의 비밀을 알고 있는 왕관 제조공을 차례로 죽였다 민심이 흉흉했다 더 이상 왕관으로 감추지 못할 만큼 자라난 귀를 어쩌지 못했다 죽지 않고 살아난 두려움 마음에 담고 있던 진실 하나 대숲에게 털어놓고 진실은 대숲바람소리를 거쳐 온 세상 것이 되었다 왕관 제조공 아내 뱃속에 있던 아이 다시 이 세상에 와서 비밀리 당나귀 가죽을 몸에 걸치고 늦은 밤 아파트숲으로 갔다 아파트에 불이 켜지면 불빛이 서로 다르고 아파트 숲에서 아무리 외쳐 봐도 불꺼진 건너편 아파트 벽에 목소리가 튕겨져 나오고 아무도 듣지 않았다 아파트 숲에 사는 그들은 전부 귀를 틀어막고 있었으므로 황량한 들판에서 외친다 임금님 귀는 당나귀 귀—들판의 바람소리 거쳐 사람들 가슴을 울렸다 임금님 귀는 당나귀 귀 소리—뚝 그쳤다 제가 토해낸 당나귀 울음소리만 세상 귓구멍 속으로 아득하게 흘러들 뿐

귀-2

내 귓속에서
세상의 소리들이 하나씩 죽어가고 있다
소리는 쌓여서 무덤을 이룬다
빛을 향해 열려 있는 내 몸
조용히 흘러 들어와 내 몸 어딘가에
소리 그림자를 저장해 두는 것들,

나는 한순간
내 몸을 그냥 통과해버린 언어를 생각한다
그 때 내가 미처 주워 담지 못한 언어는
지금도 길바닥에 떨어져 뒹굴고

이미 죽어버린 몸들만
하나 둘씩 소리를 이끌고 어디론가 가고 있다
나는 그것들을 오래 붙잡아 두고 싶었지만
이미 나를 떠난 소리는
안개가 되어 내 몸 주위를
떠돌다 사라지곤 했다

귀가 아프다

나는 날마다 나를 반죽한다

뜨거운 빵틀 위에서 구워져 나오는
말랑말랑한 하루

불룩불룩 부풀어 오르는
내 안의 빵들

생각은 쉽게 구워지지 않는다

시커멓게 타버리거나
딱딱하게 굳은 채
쓰레기통에 처박히던 날들

언젠가 빵은
제 안의 형식을 허물어
수많은 내용을 세상에
풀어놓을 것이다

늘 배고픈 당신을 위해
오늘도 나는 날마다

나를 반죽한다

웃에 대한 관찰

세상이 아무리 아프게 나를
내동댕이친다 해도
언젠가 한 번은 나만의 자세로 뒤집혀
해묵은 멍석 위에서 웃어보리라

오래 버텨온 옹이진 삶에 대하여
혹은 변화무쌍한 삶의 자세에 대하여
나는 나를 허공에 던져본다

허공에 몸을 던진다
고꾸라진다
한길 눈구덩이 속에서 다시
눈발을 툭툭 털고 일어선다

잊혀졌던 원목의 아득한 꿈 속
초록 그리움의 이파리 하나
새롭게 반짝여 올 때
울창한 시간의 숲 바람소리 들리고

으랏차차차

내 몸을 던지는 환한 자리에
아무도 모르게 스며드는
시퍼런 멍의 기억

11월

서녘 하늘 날아가는 새들이
어둔 하늘의 소매를 끌어당겨 눈을 씻는다

제 손목을 덥석덥석 물고 가는
바람을
온몸으로 껴안고
검은 나무들
이 악물며 견디고 있다

달팽이

나무를 오른다
오르고 올라도
끝을 모를 듯한 나무

나뭇잎에 거친 숨소리 내려놓으면
길은 정복하는 것이 아니라
마음을 읽는 것이라고
나뭇잎 속의 작은 수맥들이
내게 일러준다

나는 집을 짊어지고
점자책을 읽듯 더듬더듬 나무를 오른다
미세한 활자의 줄기를 따라 깊이 들어가면
생각의 높이가 보이지 않고
나무 정상을 바라보면
아득히, 집이 무겁다

어디로 휘었는지 알 수 없는 나무를
오르다 보면
문득,
내 몸의 길이 선명해진다

뿌리에 잠들다

난데없이 뿌리 쪽에 이파리가 솟아
나무는 둥글게 옆으로 누워
항문을 조금씩 보여준다

용쓰다 조금씩 이탈해 나오는 것이
생명의 줄기가 될 수 없는데도
바람은 자꾸 긁고 건드린다
스스로 고통의 살덩어리를 만든다

고통은 문지를수록 상처를 만들지만
상처도 길들여지니 어엿한 한 몸이다

사나흘 가만 내버려 두자
벌겋게 부어오르던 항문의 살이
다시 제 자리를 찾아 들어간다
뿌리에 잠든다

뿌리에 잠든다는 것은
고요함에 이르는 것일까

며칠 밤 사납던 잠도 뿌리로 돌아가고 있는지
며칠 동안 수런거리던 뿌리께가 조용하다

초경

싱그런 꽃망울 솟아오르는지
젖가슴이 봉긋하다
연두빛 잎사귀 달고 파르르
달아나는 딸아이

달아난 자리만큼
피어나는 붉은 꽃

저 꽃은 어느 세상을
밝히다 이리로 온 것인가

저 꽃은 지기 위해 피는 것이라
더욱 예쁜 것일까

딸아이 몰래 저 혼자 부푸는 저녁
얇은 어둠 밖으로 번진 저 붉은 꽃은
끝물의 통증을 견디려는 듯
독해진 여름 쪽으로 가고 있다

[해설]

상처와 관능, 혹은 운명의 형식

이숭원(문학평론가)

　수령(樹齡)이 수백 년 된 은행나무나 느티나무는 어떤 거센 바람에도 미동도 하지 않을 것 같은 의연한 풍모를 드러낸다. 오랜 세월 풍상을 겪으면서 크고 작은 상처를 입었겠지만 어떤 한 경지에 이르면 그 많은 상처들이 견고한 외피 안으로 용해되어 묵중한 수형만 보이게 된다. 몸의 상처건 마음의 상처건, 작은 상처만 생겨도 어쩔 줄 몰라 하는 우리들에게 우뚝한 교목은 늠렬한 정신의 표상으로 다가온다. 우리 사람들이란 작은 바람에 사정없이 흔들리고 꺾어지는 여린 관목 같아서, 외부의 사소한 자극만 있어도 무어라 아픔을 호소하고 여기 상처가 났다고 아우성친다. 그 아픔과 상처를 바탕으로 시가 창작되고 시에 대한 해설이 작성되니, 참으로 우스운 일이다. 그러나 길어야 100년 안쪽밖에 살지 못하는 인간이니 그리하는 것도 당연한 일인지 모른다. 인간은 상처를 만들고 상처를 키우고 다시 그것을 다스리며 살 수밖에 없는 것이다.

안명옥의 시는 상처로 얼룩져 있다. 상처의 개관 없이는 안명옥의 시를 읽을 수 없다. 그러나 상처 이야기를 하기 이전에 안명옥 시의 장기인 비유의 특성을 먼저 언급하지 않을 수 없다. 왜냐하면 그의 비유는 시의 문맥은 물론이고 자신의 육체와 정신에 밀착되어 독특한 여성성의 형질을 펼쳐내기 때문이다.

예를 들어 「냉장고」는 '그녀=냉장고'의 기본 은유로 구성되어 있는 작품이다. "아래위로 문이 있는 여자/문을 열면/불이 켜지는 여자" 같은 시행은 냉장고의 특성을 여성의 입장에 투영한 평범한 구문으로 읽힌다. 그런데 시상이 전개되면서 냉장고로 비유된 '그녀'는 단순한 비유의 한 축이 아니라 우리의 일상에 현존하는 여성의 표상으로 일반화된다. "문 밖이 뜨거울수록/더욱 단단하게 문을 닫고 사는 여자", "어둠을 키우고 사는 여자", "많은 유효기간들을 담아 두고서/유효기간을 과신하는 여자" 같은 구절은 가정주부의 일반적 속성을 날카롭게 포착한 뛰어난 비유적 표현이다. 가정생활을 하는 주부의 속성을 그가 매일 대하는 냉장고에 비유하여 표현하였는데 이러한 비유의 구사는 콜럼버스의 달걀처럼 거의 새로운 발견에 해당하는 독자성을 지닌다. "코드를 뽑아버리면/없는 여자"라는 마지막 시행은 주부가 온몸을 던져 지키는 일상의 삶이라는 것이 얼마나 덧없는 것인가 하는 허무의 각성을 간명한 언어로 드러낸다. 이처럼 단순해 보이면서도 인식의 깊이를 함축하고 있는 안명옥 시의 비유를 새롭게 재평가할 필요가 있다.

>자정 무렵, 몸이 근질근질해진다
>허락도 없이
>나와 동침을 하려는 그림자가
>가슴을 지나 배꼽을 더듬는다
>잠들었던 세포들이
>일제히 일어나
>그의 움직임을 읽고 있다
>조금만 더 깊이 들어오면 어둠이 보여
>
>어둠 속에서 보는 어둠은
>불빛보다 더 뚜렷하다
>
>누군가를 알아간다는 것은
>어둠의 배후를 알기 위한 것일까
>
>나를 노리는 저 섬뜩한 눈빛들
>언제나 어둠 속에서
>내 뒤통수를 치는 쓰디쓴 탕자들

지금 어디에서 내 몸이 누수되고
나는 자꾸 어둠에 걸려 넘어진다

뚜벅뚜벅
누군가 내 안에 흘려놓고
바람 부는 창문 밖으로 걸어 나가는
발자국 소리

―「불면」 전문

 이 시의 "나와 동침을 하려는 그림자"가 '불면'인 것은 제목을 통해 알 수 있다. 불면의 고충을 다룬 것인데도 이 시는 관능적 표현의 물기가 어려 있다. 그의 관능은 성애(性愛)를 꿈꾸는 관능이 아니라 몸의 비밀스러운 반응을 알려주는 관능이다. 그것은 그의 시「붉은 수수밭」에 나오는 "망각된 몸의 멍한 반응"처럼 정신의 움직임과는 다른 각도에서 돌출되는 몸의 반응을 우리에게 일깨워준다. 우리는 정신으로 몸을 다 장악할 수 있다고 생각하지만 그것은 착각이다. 우리 몸을 구성하고 있는 근육에는 수의근보다 불수의근이 더 많지 않은가.
 이 시도 관능의 어법으로 몸의 반응과 자아의 번민을 나타낸다. 마치 동침으로 유혹하는 애욕의 손길처럼 불면의 흡반은 가슴과 배꼽을 어루만져 감각의 세포를 일깨우며 찾아온다. "어둠 속에서 보는 어둠은/불빛보다 더 뚜렷하다"는 구절은 개성적 비유가 만들어 낸 뛰어난 아포리즘이다. 불면의 끔찍한 심연을 체감해 본 사람은 도저

히 떨칠 수 없는 어둠의 뚜렷한 마수를 선연하게 기억할 것이다. "어둠 속에서/내 뒤통수를 치는 쓰디쓴 탕자"에 나오는 언어와 이미지의 배치 역시 매혹적이다. 거침없이 몸과 마음을 휘저어 놓는 상대이니 탕자임에 틀림없지만, 뜬눈으로 날밤을 새우게 하니 쓰디쓴 고역을 안겨주는 존재가 아니겠는가. 그리고 그 쓰디쓴 탕자는 언제나 예기치 않은 순간 엄습하여 나를 흔들어놓고 발소리를 내며 사라진다. 아무 자취도 남기지 않으나 분명 내 육체와 정신의 수로에 흠집을 낸 검은 복면의 침입자!

그는 아무 일도 안 한 것 같지만 그가 남긴 상처는 밤하늘의 별처럼 생생하게 빛나기도 한다.

> 내 상처가 하늘로 수없이 밀어올린
> 별
>
> 한움큼,
> 털어 넣고 싶었던
>
> ―「아스피린」 전문

아스피린은 진통해열제지만 여기서는 상처의 아픔을 잊게 하는 죽음의 묘약처럼 설정되었다. 상처가 생길 때마다 하늘로 별을 밀어 올렸으니 그 별은 상처의 부산물일 수도 있고 상처의 승화물일 수도 있다. 얼마나 많은 상처가 있었기에 밤하늘에 그렇게 별이 많은가. 화자는 별을 보며 자신의 몸과 마음에 그렇게 많이 뚫린 상처의 혈

맥을 보았을 것이고, 감당할 수 없는 고통에 백색의 독약이라도 한 움큼 털어 넣어 다시는 돌아올 수 없는 머나먼 서쪽나라로 떠나고 싶었을 것이다. 그러나 충동만 느꼈을 뿐 그렇게 하지 않았고 대신 머나먼 별나라를 쳐다보았을 터인데, 그래서 시의 제목을 '하얀 독약'이라 하지 않고 '아스피린'이라 하였다. 어떤 의미에서 별은 자신의 상처를 잊게 해 주는 아스피린의 역할을 하기도 할 것이다.

 안명옥 시인이 시를 쓰게 된 것은 분명 상처와 아스피린이 복합적인 상호 작용을 한 결과일 것이다. 상처가 그렇게 많이 생기고 상처가 쉽게 날 정도로 민감한 것은 그의 내부에 공허감이 있기 때문이다. 이것을 시인은 "채워지지 않는 허기"(「고양이경전」)라고 했다. 그는 채워지지 않는 허기를 채우기 위해 혼신의 노력을 기울이는데 그것은 어떠한 방법으로도 채워지지 않는다. 왜냐하면 그 공허감의 이름이 "채워지지 않는 허기"이기 때문이다. 그래서 그가 하는 혼신의 노력은 "어둠을 건드리고/어둠을 찢어먹는" 무망(無望)하기 짝이 없는 것이다. 어둠을 상대로 아무리 몸부림쳐야 손에 잡히는 것은 아무것도 없기 때문이다. 그래서 별을 바라보며 상처를 달래는 한편으로 이를 악물고 아픔을 견디는 인고의 자세를 배우려 한다.

  서녘 하늘 날아가는 새들이
  어둔 하늘의 소매를 끌어당겨 눈을 씻는다

  제 손목을 덥석덥석 물고 가는

바람을
온몸으로 껴안고
검은 나무들
이 악물며 견디고 있다

—「11월」 전문

이 짤막한 시도 시어와 이미지의 구사가 예사롭지 않다. "하늘의 소매"는 어디인가? 서녘 하늘로 날아가는 새들이 어두워가는 하늘의 소매를 끌어당겨 눈을 씻는다고 했다. 우리가 눈물을 흘릴 때 소매로 눈을 씻을 것이다. 어린 시절 어머니가 당신의 소매 끝으로 내 뺨의 눈물을 닦아주신 적이 많았다. 하늘을 나는 새는 소매가 없으니 눈물을 닦을 수가 없다. 서쪽 하늘 저편으로 어둑하게 져가는 저것이 하늘의 소매이리라. 하늘의 소매로 눈을 씻는 새들은 자신의 눈물을 닦는 것일까 아니면 더 잘 보기 위해 눈을 부비는 것일까? 그저 어두워가는 서쪽 하늘로 새 몇 마리 날아가는 것을 보고 시인이 이렇게 생각했을 텐데 그 정경의 표현에 시인의 내면이 투영되어 있다.

시인이 슬픔의 음영을 투사한 것은 자신의 내면에 뚫린 상처의 허방 때문이다. 그 허방이 새와 나무에 자신의 감정을 투사하게 했다. 창조적 비유를 생산하는 기원이 그의 "채워지지 않는 허기"이기 때문이다. 그래서 '허기'는 그에게 시 창조의 근원이 된다. 11월의 검은 나무들을 보라. 얼마 남지 않은 자신들의 잎까지 한꺼번에 떨어뜨리는 무정한 바람이건만 나무는 바람과 사귀어야 지탱할 수 있는 것. 바람과 햇빛과 수분과 토양이 나무의 생명줄인 것. 그러니 나무는 "제 손목을 덥석덥석 물고 가는/바람을/온몸으로 껴안고" 한 세월을 견딜 수밖에 없다. 그것이 나무의 생리이자 운명이다. 이러한 발견은 단순한 비유의 차원이 아니라 인식의 차원이다. 표현방법을 탐색하다가 이런 비유를 창조한 것이 아니라 자신의 삶에 대해 명상하다가 생의 예지를 발견한 것이다. 상처의 허기가 창조의 동력으로 변환하는 예술사의 진실을 여기서도 만난다.

그런데 나무와 사람은 다른 점이 있다. 나무는 "이 악물며 견디"기만 하면 되는데 사람은 견디면서 앞으로 나아가야 한다. 자신을 몰아치는 바람에 맞서고만 있으면 사람은 지쳐 쓰러지고 만다. 상처의 고통에 민감한 사람이 살아남으려면 상처에서 벗어나 어딘가로 나아가려는 시도를 벌여야 한다. 안명옥 시인도 예외가 아니다. 그를 둘러싸고 있는 억압과 상처의 굴레에서 벗어나 "일탈의 쾌감"(「남몰래 오줌을 누는 밤」)을 추구하려 한다. 「무거운 도화지」에서는 붉은 벽돌 안에 사람머리가 무겁게 박혀 있는 조형물을 보고, 무거운 업을 짊어지고 고통에 시달리는 사람의 모습을 연상한다. 그렇게 유폐된 고통의 극한을 생각하면서 고통에서 벗어나는 하나의 표상으로 "멀리 허공을 날아가던 새의 깃털"을 떠올린다. "뼈 속까지 비어" 버린 은빛 깃털의 형상으로 "무거운 도화지"에서 벗어날 것을 꿈꾸어 보는 것이다.

늦가을 파밭

말라버린 젖꼭지

아직도 땅에 젖을 물리고 있는 파,

곧 무서리가 내릴 텐데,

파는 얇아진 피부 위에

바람을 껴입고 살아온 것일까

까칠해진 존재의 부피만큼

잔뿌리를 내리며

시들어가던 시간 속에서, 파는

짙은 체취를 품고 있다

파는 이제 고요하다

푸른 핏줄 끊임없이 흔들어대던

둥근 몸의 파동도

뿌리 근처에서 멎었다

가만히 파밭의 흙을 거두어내고

젖은 잔뿌리를 들추어보니 파는

제 몸이 흔들릴 때마다

향기를 쟁인다

가슴속의 아픈 생각들을 밤새

하얀 실핏줄로 풀어내고

제 몸의 허공을 채우기 위해

스스로 매운 향기로 맺힌다

―「파밭」 전문

이 시에서는 늦가을에 남은 파의 "말라버린 젖꼭지"를

보며 고행의 시간에서 벗어나 거의 허공과 하나가 된 탈속(脫俗)과 우화(羽化)의 경지를 상상한다. 피부는 아주 얇게 투명해져 바람이 통과할 듯하고 잔뿌리만 땅에 남아 마지막 시간을 영위하고 있다. 그것은 간신히 남은 파의 "하얀 실핏줄" 같다. 그럼에도 불구하고 바람에 흔들리는 파에는 종말의 비애감이나 허망함이 없다. "가슴 속의 아픈 생각들"이 여과되어 고요의 경전에 들어선 듯한 느낌을 준다. 육신의 노역이 끝나고 이러한 평정의 시간이 온다면 존재의 종말도 순연하게 맞을 수 있을 것 같다. "제 몸의 허공을 채우기 위해/스스로 매운 향기로 맺힌다"는 마지막 시행은 고통에서 벗어난 존재의 자족적 충만감을 잘 나타내고 있다.

상처의 화신이 하늘의 별로 떠 있다고 생각한 시인이 과연 이런 초탈의 경지에 이를 수 있을까? 숨김없이 말하면 이것은 그의 꿈이자 희망의 극대화일 것이다. 현실의 실제 맥락에서 고통에서 벗어나려는 노력은 다시 고통으로 회귀하고 만다. 고통에서 다시 고통으로 이어지는 순환의 굴레는 매우 가혹하여 쉽게 벗어날 수 없을 것 같다.

> 오래 낙타를 타고 온 여자 누워 있다
> 땡볕이 살을 태우고 있다
> 아랫배가 불룩한 여자
> 나는 무릎을 꿇고 가만히 배에 귀를 대본다
> 파도소리 들린다 신생의 바다가
> 자궁에서 꿈틀거린다

손가락으로 살짝 살을 눌러 본다

모래가 허물어지지 않는다

깜짝 놀란 내가 손가락을 떼는 사이

햇빛이나 바람에 의해 더 살이 찐 여자

벌떡 일어나 흔들흔들

바다 속으로 걸어 들어간다

물에 닿자 여자 몸에서

빠르게 녹아내리는 모래들

무의식에 잠겨 잠잠하던 바다가

알몸을 감추며 격랑 높은 파도를 일으켜 세운다

바다가 내지르는 아기 울음소리

모래여자 사라진 지점에서

붉은 피 사방으로 번지고

저 멀리 수평선이 되어 걸린 탯줄

—「모래여자」 전문

  시인은 자신의 분신인 '모래여자'를 본다. 그 여자는 거친 사막을 넘어 낙타를 타고 왔고 아직도 "땡볕이 살을 태우고" 있는 형국이다. 출산이 가까운 듯 아랫배가 불룩하고 모래로 되었어도 단단하여 살이 허물어지지 않는다. 배에 귀를 대 보면 멀리 "신생의 바다가 자궁에서 꿈틀"거리는 소리가 들린다. 그의 불룩한 배에는 생명이 숨 쉬고 있고 신생의 생명은 생명이 깃들 공간인 바다로 가고자 한다. 그러나 여자가 처한 공간은 여전히 모래 언덕이므로 바다와는 거리가 멀다. 바다를 꿈꾸기는 하지만 여자가 거처하는 공간은 사구(砂丘)일 뿐이다. 환상 속에서 인 듯 여인은 "바다 속으로 걸어 들어간다"고 했다. 고통의 모래를 넘어 생명의 바다로 갈 수 있을 것인가? 불룩한 배 속의 태아를 생명의 바다에 넣을 수 있을 것인가? 바다의 눈이 닿자 여자의 모래 몸은 빠르게 녹아내렸다고 했다. 높은 파도가 일어나고 아이가 태어났는지 울음소리가 들렸다고 했다. 모래여자는 사라지고 그의 아이도 보이지 않고 들린 것은 울음소리뿐, 남은 것은 사방으로 번진 붉은 피와 수평선으로 걸린 탯줄뿐. 그렇다면 무엇이 일어난 것인가? 결국 출산의 외형만 남고 출산의 본체는 사라졌으니 고통은 계속되는 것이다. 고통에서 벗어나려는 인간의 기도는 허망하게 사라지고 다시 고통의 사막, 피의 물결, 탯줄의 수평선만 남을 뿐이다. 고통에서 벗어나려는 시도가 다시 고통으로 회귀하는 아픈 순환의 드라마를 목격하게 된다.

  그러면 상처에서 벗어날 길은 아예 막힌 것인가? 거듭된 고통의 반복 속에 묘하게도 안명옥은 관념으로서의 일탈이나 초월 대신에 몸의 감각으로 상처를 다스리는 방법을 터득한다. 그것은 "고통은 문지를수록 상처를 만들지만/상처도 길들여지니 어엿한 한 몸이다"(「뿌리에 잠들다」)라는 아포리즘으로 집약된다. 그는 상처를 자신의 몸의 일부로 삼음으로써 상처에서 벗어날 수 있는 길을 찾는다. 이것은 여성의 몸이 가진 천부적 친화력에 의해 가능해진 현상이다. 그 희유한 상처의 육체화는 자신의 상처와 어머니의 상처를 동질적 형상으로 함께 껴안을 때

이룩된다. 여성적 동일성의 축 위에서 연민은 공감으로 공감은 새로운 인식으로 전환된다.

>모처럼 객지에서 온 딸을 위해
>어머니는 고등어를 구웠다
>어릴 적 아버지 상에만 오르던 고등어를
>먹으며, 문득 고등어는 왜 등이 푸른가
>어머니 등에도 푸른 멍이 있을 거라고
>
>몸속에 들어오는 소금물을 걸러내며
>짠물에 물들지 않는 고등어같이
>너도 그렇게 살아야 혀
>푸른 멍을 가진 고등어로 살아
>그 어떤 상처가 건드려도 멍들지 않았으면
>
>푸르다는 건
>비늘 벗겨진 지느러미의 파란 감정들일지도
>거친 현실의 바다를 끌어안으며
>또 하나의 삶을 만들어 낸 푸른 멍들일지
>
>제 온몸을 밀고 가느라
>바다에서 맺힌 고등어의 푸른 멍이
>사르르 녹아 사라지며
>멍의 물이 뚝뚝 떨어지는
>나의 내부, 그곳에도 멍이 서식하고 있는가

비늘이 다 떨어지고
비린내가 가셔지는
내 등에도 멍자국이 점점 늘어가고
그날 그저녁 밥상이 그리워
푸른 고등어를 구웠다
아직 비린내 물씬 풍기는 딸아이
대뜸 비린내가 싫다고 투덜거린다
딸아이의 몸은
멍들기엔 아직 환하므로

나는 아무 말 없이
고등어의 푸른 멍을
삼켰다
마음에 아직, 나를 업고 있는
등 굽은 어머니를 삼켰다

―「고등어」 전문

  고등어는 흔한 소재다. 그러나 전철 속 성희롱이 독특한 표상으로 바뀌듯 안명옥의 시에서는 평범한 고등어도 여성의 상처와 아픔을 간직한 상징물로 전환된다. 모처럼 고향집에 들른 딸을 위해 어머니는 고등어를 식탁에 올려놓았다. 시인은 고등어의 푸른 등을 보며 "제 온몸을 밀고 가느라/바다에서 맺힌 고등어의" 멍이라고 생각한다. 세월의 아픔을 거친 존재는 모두 푸른 멍을 지니고 있고, 멍이 있다는 그것이 실존의 근거가 되는 것인지도 모른다. 그런 점에서 어머니와 나는 푸른 멍을 같이 지닌 동질적 존재요 동병상련의 대상이다. 어머니에게만 멍이 있다고 생각한 것은 잘못이다. 여기서 고등어는 여성의 운명을 표상하는 상징적 형식이 된다.

어머니의 고등어 밥상이 문득 떠오른 시인은 딸의 밥상에 고등어를 구워 놓았다. 아직 세상의 아픔을 모르는 천진한 딸은 고등어의 푸른 등에는 아예 관심이 없고 비린내가 난다고 투덜댈 뿐이다. 그러나 시인은 고등어에서 어머니의 한 많은 굽은 등을, 자신의 멍든 가슴을 연상한다. 시인은 젓가락을 들어 고등어 한 점을 입에 넣은 것인데, 그 순간 세상살이의 한 많은 사연들이 떠오르고 어머니와 자신을 잇는 한의 연줄이 연상된다. 어머니에 대한 연민이 여성적 동일성의 인식으로 전환되면서 그것은 다시 딸에 대한 사랑으로 확산된다. 딸에 대한 사랑은 시의 문면에 제시되지 않았지만 "마음에 아직, 나를 업고 있는/ 등 굽은 어머니를" 가슴에 품은 사람은 철없는 딸의 투덜거림도 넉넉히 보듬어 안을 수 있을 것이다.

이러한 인식의 변화와 연결 지어 살펴보아야 할 작품이 「칼」과 「칼집」이다. 「칼」은 안명옥 특유의 아포리즘으로 시작한다. "칼은 너무 많은 생각을 가질 때 위험하다"는 말은 복잡한 생각 때문에 자신의 마음에 상처를 내는 현실을 의미한다. 시인 자신이 칼이 되어 제 몸을 베는 모순의 상황이 연출되는 것이다. 이것은 비단 시인만의 경우가 아니라 세상을 살아가는 많은 사람들의 경우도 그렇다. 사람들은 상대방에게 칼이 되고 스스로에게도 칼이 된다. 서로 상처를 입고 입히는 순환의 인간사가 전개된다. "칼을 보면/이상한 식욕이 돋는다"는 말은 푸른 멍이 실존적 고통의 확인이었듯이 칼이 존재의 근원이자 욕망의 추동력이 된 것을 나타낸다. 칼로 상처를 만들고 상처는 멍으로 남는 것이 인간의 숙명이다. 그래서 칼을 보면 인간 육체를 지배하는 본능적 충동의 하나인 식욕이 돋는다. 여러 가지 착잡한 생각이 강하게 솟아오르는 것이다. 이렇게 인간의 욕망을 도약의 발판으로 삼게 된 데는 '칼집'의 발견이 있었기 때문이다. 칼집은 고통과 멍과 상처의 세월 속에 어떻게 안식에 도달하게 되는가를 우리에게 알려준다.

아무리 어른 된 아픔이 저주스러워도
네 빳빳한 자세 굽히지 말아라
아무 곳에나 널 구겨 넣지 말아라
널 부러뜨리려는 누군가를
함부로 베어내지도 말아라

눈물 주르르 나는 하루를
내 품 안에서 숨 고르게 하리라
칼이 지나간 자리
칼이 자라나는 네 감정을
부드러운 혀로 핥아주고

날선 네 언어들을 보듬어 주리라
이미 위험한 너를
온힘으로 떠받드는 여기가 네 아랫목이다

네가 걸어온 길을 나는 안다
나는 너를 칼로 보전해주는
유일한 집이려니

—「칼집」 전문

 사람이 칼의 속성을 지니고 남을 베거나 자신을 베는 상처의 세월을 살면서도 욕망을 키우고 자신의 터전을 보존할 수 있는 것은 칼집이 있기 때문이다. "위험한 너를 온힘으로 떠받드는" 아랫목이 칼집이고 존재를 "칼로 보전해 주는 유일한 집"이 칼집인 것이다. 칼집이 있기에 칼이 존재할 수 있다. 칼집은 칼이 만들어낸 수많은 상처의 궤적을 "부드러운 혀로 핥아" 주기까지 한다. 이것은 아픔과 상처를 쓰다듬고 보듬어 견고한 표피의 안쪽으로 쟁여 넣는 방법이다. 많은 상처를 외피 안으로 끌어들인 묵중한 고목처럼 칼집은 그 안에 칼의 날카로움을 감싸며 안식의 시간을 마련해 준다. 시인이 이 안식의 상징을 발견한 것은 여성적 동일성의 인식 때문이다. 고등어의 푸른 멍을 보고 등 굽은 어머니를 자신의 등에 업을 때, 새로운 삶의 식욕이 돋고, 칼이 새 길을 뚫을 수 있는 용기가 생기고, 칼집에 스며들어 안식을 취할 수 있는 여유가 형성된다. 이러한 인식과 예지가 그의 줄기찬 시작 과정에서 생성된 것이니 그의 시 쓰기는 미래의 지평을 향해 끝없이 이어질 것이다. 오랜 시간을 버틴 교목의 몸짓처럼 은은한 미풍에 흔들리며 상처의 세월을 감싸 안을 것이다. 그렇게 그의 시는 인고의 회랑을 넘어 생명의 바다로 흘러갈 것이다.